L'insécurité affective

Harmonie J.

© 2025 Harmonie J.

Édition : BoD · Books on Demand,
31 avenue Saint-Rémy, 57600 Forbach,
bod@bod.fr

Impression : Libri Plureos GmbH,
Friedensallee 273,
22763 Hamburg (Allemagne)
ISBN : 978-2-3226-6172-5
Dépôt légal : Mai 2025

1. Le besoin de contrôler l'inconnu

Quand quelque chose t'échappe (comme le silence de l'autre), ton cerveau cherche des réponses pour se rassurer. En l'absence d'explications concrètes, il les invente, souvent dans le pire sens possible. Pourquoi ? Parce qu'anticiper le pire donne une illusion de contrôle : "Je m'y attends, donc je ne serai pas surprise."

2. Le biais de négativité

Ton cerveau a une tendance naturelle à repérer le danger (un héritage de survie). Il va donc amplifier les petits détails : un mot sec, un message plus court, un "vu" sans réponse... Ces micro-signaux deviennent, pour ton esprit anxieux, des preuves d'un danger affectif imminent.

3. Un mental en boucle

Quand tu es anxieuse, tu entres dans un mode de ruminations. Tu te repasses en boucle des détails, cherchant à comprendre, à décoder. Mais plus tu y penses, plus tu t'angoisses… et plus les scénarios deviennent sombres. C'est un cercle vicieux.

4. Des expériences passées non digérées

Si tu as déjà vécu de la trahison, de l'abandon, du rejet, ton esprit est conditionné à repérer les signes avant-coureurs — même s'ils ne sont pas réels. Il veut te protéger, mais il t'enferme dans une anticipation douloureuse.

5. Un sentiment d'insécurité intérieure

Quand tu ne te sens pas pleinement en sécurité en toi-même ou dans la relation, ton cerveau entre en mode "alerte rouge" dès qu'il y a une zone grise. Il cherche une explication, même fictive, plutôt que de rester dans l'incertitude.

<u>Comment t'apaiser :</u>

Note les faits réels (ex. : "il n'a pas répondu depuis 2h") vs. les interprétations ("il ne m'aime plus").

Respire et reviens à l'instant présent : ton mental fuit dans un futur imaginaire.

Interroge tes pensées : "Est-ce que je suis en train d'imaginer le pire ? Est-ce que j'ai des preuves ?"

Accueille ta peur au lieu de la fuir : elle a un message à t'envoyer, mais ce n'est pas une vérité absolue.

Le manque de sécurité affective, c'est le sentiment profond et persistant de ne pas se sentir en sécurité dans une relation, que ce soit avec un partenaire, un parent ou même avec soi-même. C'est comme vivre avec la peur constante que l'amour puisse disparaître à tout moment, même sans raison évidente.

Avoir peur que l'autre parte ou cesse d'aimer.

Se sentir facilement inquiète, jalouse ou rejetée au moindre silence ou changement.

Avoir besoin d'être rassurée en permanence.

Penser que l'on n'est pas assez bien, pas aimable ou facilement remplaçable.

Être très sensible au moindre détail (ton, délai de réponse, gestes).

Douter de l'amour de l'autre, même quand tout va bien.

<u>D'où ça vient ?</u>

Le manque de sécurité affective naît souvent :

Dans l'enfance : si tu as vécu un amour instable, distant, critique, absent ou imprévisible.

Dans des relations passées blessantes : trahison, abandon, mensonges, ghosting, etc.

Ou à force de manquer de confiance en toi : quand ton estime de toi dépend du regard de l'autre.

<u>Ce que ce n'est pas :</u>

Ce n'est pas être "trop sensible" ou "trop exigeante". Ce n'est pas une faute ou une faiblesse. C'est un besoin humain fondamental de se sentir aimé.e, choisi.e, sécurisé.e.

<u>Peut-on en guérir ?</u>

Oui. C'est possible de reconstruire ta sécurité intérieure :

En travaillant sur ton estime personnelle.

En apprenant à réguler tes émotions.

En t'entourant de relations saines et sécurisantes.

En identifiant et apaisant la petite fille blessée en toi.

Et parfois avec un accompagnement thérapeutique ou des lectures transformatrices.

<u>Ce que ton partenaire peut faire pour t'aider :</u>

1. Être cohérent et rassurant

Te dire ce qu'il ressent pour toi de façon claire.

Être régulier dans sa présence, ses messages, ses actes.

Te rassurer sans te juger, quand tu en as besoin.

2. Créer un climat de confiance

Ne pas jouer sur l'ambiguïté.

Te montrer qu'il est là même quand tu doutes.

Éviter les comportements qui alimentent tes peurs (disparitions soudaines, silence punitif, sarcasme...).

3. Écouter sans minimiser

Accueillir tes émotions sans te dire que tu "exagères".

Comprendre d'où viennent tes insécurités, même s'il n'en est pas la cause.

Te montrer de la patience et de l'empathie.

4. Se montrer transparent

Être ouvert à la communication.

Répondre aux questions qui t'inquiètent sans se braquer, tant qu'elles ne deviennent pas intrusives ou obsessionnelles.

<u>Mais attention :</u>

Il ne doit pas porter seul ta guérison.

Il n'est pas responsable de tes blessures passées.

Il ne peut pas te rassurer en continu si toi-même tu ne te reconstruis pas de l'intérieur.

<u>Ce que toi, tu peux faire :</u>

Exprimer ce que tu ressens sans reproche : "Quand tu es distant, j'ai peur, même si je sais que ce n'est pas forcément justifié."

Travailler à te rassurer sans toujours dépendre de lui.

Te demander : "Qu'est-ce que cette insécurité dit de moi, de mes besoins, de mon histoire ?"

Une relation saine n'efface pas toutes les insécurités, mais elle aide à les apaiser. Si ton copain est dans une posture aimante, patiente et engagée, il peut t'aider à guérir… mais c'est en toi que cette paix doit naître durablement.

L'insécurité affective ne naît jamais par hasard. Elle est souvent le fruit d'une accumulation de blessures, d'expériences passées, et de manques affectifs profonds, parfois invisibles. Voici ses principales origines :

1. L'enfance : le berceau de la sécurité intérieure

L'insécurité affective prend souvent racine dans :

Un attachement instable ou insécurisant : parents absents, peu démonstratifs, imprévisibles, critiques ou intrusifs.

Un amour reçu sous conditions : "Sois sage pour qu'on t'aime", "Sois parfaite pour qu'on te remarque".

Le fait d'avoir dû grandir trop vite, de s'être sentie émotionnellement seule ou pas entendue.

> Résultat : l'enfant intérieur apprend que l'amour est fragile, incertain, mérité. Et il garde cette peur à l'âge adulte.

2. Les relations amoureuses blessantes

Une trahison, un ghosting, un abandon soudain, des mensonges répétés.

Avoir été dévalorisée, ignorée, manipulée, ou constamment dans l'attente.

Des partenaires inconstants ou émotionnellement indisponibles.

> Résultat : le cœur associe l'amour à la douleur, le doute, la peur, et devient hypervigilant.

3. Le manque d'estime de soi

Quand tu ne te sens pas assez bien, assez aimable, assez unique, ton esprit doute de ta valeur dans les yeux de l'autre :

"Pourquoi resterait-il avec moi ?"

"Je suis sûrement moins bien que ses ex ou d'autres femmes."

"Il finira par se lasser."

> Résultat : ton sentiment de sécurité repose entièrement sur l'autre, pas sur toi.

4. Les schémas inconscients

Parfois, on reproduit sans le vouloir des scénarios appris plus tôt :

S'attacher à des personnes qui nous insécurisent.

Confondre amour et lutte pour exister.

Chercher à revivre pour réparer une ancienne blessure.

5. La peur de l'abandon

C'est un noyau central de l'insécurité affective. Tu peux avoir une terreur inconsciente que l'autre parte, change, aime quelqu'un d'autre — même sans indice concret.

> Et donc, à chaque silence, retard, ou distance, cette peur se réactive : "Je vais être abandonnée."

<u>En résumé :</u>

L'insécurité affective est un signal de blessure intérieure, pas une fatalité. Elle dit :
"J'ai besoin de me sentir aimée, vue, choisie, en sécurité."

Et bonne nouvelle : tu peux la soigner, en travaillant sur :

L'estime de toi

L'amour de soi

La compréhension de ton passé

Et des relations saines, douces, où tu peux réapprendre la sécurité.

Quand on vit avec de l'insécurité affective, on peut se sentir comme si on était en alerte permanente, même dans une relation qui semble "bien aller". C'est épuisant émotionnellement, car on lutte sans cesse entre ce que l'on vit, ce que l'on redoute, et ce que l'on ressent.

1. Une peur constante d'être abandonnée

Même sans raison, tu redoutes qu'il parte, qu'il aime une autre, qu'il t'oublie.

Tu anticipes l'éloignement, comme s'il était inévitable.

2. Une hypervigilance émotionnelle

Tu analyses tout : ses messages, son ton, ses silences.

Le moindre changement devient une source d'angoisse : "Pourquoi il a mis ce point ? Pourquoi il a mis autant de temps à répondre ?"

3. Un besoin fort d'être rassurée

Tu ressens souvent le besoin qu'il dise "je t'aime", qu'il te montre qu'il tient à toi.

Sans ces signes réguliers, tu te sens vite en danger ou rejetée.

4. Un doute sur ta valeur

Tu peux te comparer aux autres (ses ex, d'autres femmes, etc.).

Tu te demandes : "Suis-je assez bien pour lui ? Est-ce qu'il va se lasser ?"

5. Des montagnes russes émotionnelles

Un message gentil te rassure. Un silence te fait plonger.

Tu passes de l'espoir à la peur, de l'amour à la panique.

6. La peur d'être "trop"

Trop émotive, trop exigeante, trop collante.

Tu t'auto-censures parfois par peur de le faire fuir.

7. Un sentiment de solitude même à deux

Tu peux être avec lui, mais avoir l'impression qu'il est loin.

Tu ressens parfois un vide inexplicable, même quand il est présent.

<u>Et en résumé :</u>

> Tu te sens sur un fil. Comme si ton cœur dépendait des faits et gestes de l'autre pour se sentir en sécurité.

Tu aimerais te détendre, faire confiance, mais quelque chose en toi lutte pour survivre, pas pour aimer sereinement.

Quand on vit avec de l'insécurité affective, on peut se sentir comme si on était en alerte permanente, même dans une relation qui semble "bien aller". C'est épuisant émotionnellement, car on lutte sans cesse entre ce que l'on vit, ce que l'on redoute, et ce que l'on ressent.

<u>Voici ce que l'on ressent intérieurement :</u>

1. Une peur constante d'être abandonnée

Même sans raison, tu redoutes qu'il parte, qu'il aime une autre, qu'il t'oublie.

Tu anticipes l'éloignement, comme s'il était inévitable.

2. Une hypervigilance émotionnelle

Tu analyses tout : ses messages, son ton, ses silences.

Le moindre changement devient une source d'angoisse : "Pourquoi il a mis ce point ? Pourquoi il a mis autant de temps à répondre ?"

3. Un besoin fort d'être rassurée

Tu ressens souvent le besoin qu'il dise "je t'aime", qu'il te montre qu'il tient à toi.

Sans ces signes réguliers, tu te sens vite en danger ou rejetée.

4. Un doute sur ta valeur

Tu peux te comparer aux autres (ses ex, d'autres femmes, etc.).

Tu te demandes : "Suis-je assez bien pour lui ? Est-ce qu'il va se lasser ?"

5. Des montagnes russes émotionnelles

Un message gentil te rassure. Un silence te fait plonger.

Tu passes de l'espoir à la peur, de l'amour à la panique.

6. La peur d'être "trop"

Trop émotive, trop exigeante, trop collante.

Tu t'auto-censures parfois par peur de le faire fuir.

7. Un sentiment de solitude même à deux

Tu peux être avec lui, mais avoir l'impression qu'il est loin.

Tu ressens parfois un vide inexplicable, même quand il est présent.

<u>Et en résumé :</u>

> Tu te sens sur un fil. Comme si ton cœur dépendait des faits et gestes de l'autre pour se sentir en sécurité.

Tu aimerais te détendre, faire confiance, mais quelque chose en toi lutte pour survivre, pas pour aimer sereinement.

Mettre des mots sur ton insécurité affective :

> Être en insécurité affective, c'est comme marcher sur un fil invisible tendu entre l'amour et la peur. C'est se réveiller avec le cœur serré parce qu'un message tarde à arriver. C'est scruter des détails insignifiants pour y chercher des preuves d'amour... ou de désamour. C'est vouloir faire confiance, mais entendre une voix intérieure chuchoter : « Et s'il ne t'aimait plus ? Et s'il voyait une autre ? »

C'est osciller entre des élans de tendresse et des chutes d'angoisse. C'est ressentir le besoin de savoir qu'on est choisie, désirée, importante — encore, et encore. Ce n'est pas un caprice. Ce n'est pas un manque de gratitude. C'est une peur ancienne qui se réveille dans les silences, une vieille blessure qui fait encore mal quand l'autre tourne le dos, même sans malveillance.

Ce que je vis, ce n'est pas contre lui. C'est en moi. Et pourtant, ça prend toute la place entre nous parfois. J'aimerais tant aimer sans peur, vivre sans douter, le laisser m'aimer sans trembler. J'y travaille. Mais pour l'instant, je ressens encore ce vertige... ce besoin de me sentir en sécurité dans son regard, dans ses mots, dans sa constance.

Je ne veux pas qu'il porte ce fardeau seul.
Je veux juste qu'il comprenne ce que
c'est, et pourquoi j'ai besoin de douceur
plus que de distance.

Après avoir vaincu l'insécurité affective, on respire enfin.

Il y a un avant et un après, et le changement se ressent dans chaque recoin du cœur et de l'esprit.

1. La paix intérieure

Le mental ne court plus après des preuves d'amour.

Le cœur cesse d'imaginer des catastrophes.

Il y a une sérénité calme, comme une mer apaisée après une longue tempête.

2. La confiance (en soi, en l'autre, en la relation)

Tu sais que tu es aimable, même sans être parfaite.

Tu ne cherches plus à contrôler, tu choisis de faire confiance.

Tu n'as plus besoin d'être rassurée en permanence, car tu te sens solide en toi.

3. Une liberté émotionnelle

Tu n'es plus prisonnière de chaque silence
ou changement d'humeur.

Tu aimes sans te perdre. Tu es présente,
mais plus dépendante.

Tu peux être seule sans panique, et en
couple sans t'effacer.

4. Des relations plus saines et fluides

Tu n'exiges pas l'amour, tu l'accueilles.

Tu communiques sans peur, tu poses tes limites sans culpabilité.

L'amour devient un partage, pas une épreuve.

5. Un sentiment de légèreté

Tu ne suranalyses plus tout.

Tu vis le moment, tu profites, tu te sens suffisante et en sécurité.

Tu n'es plus dans l'attente de l'autre pour exister.

> Tu deviens ta propre ancre.

Tu aimes avec un cœur libre, pas avec une peur collée aux côtes.

Tu ne cherches plus à être choisie chaque jour, parce que tu t'es enfin choisie toi.

> Et un jour, sans même t'en rendre compte au début, quelque chose change.

Le silence ne te fait plus peur. Un message tardif ne déclenche plus de tempête en toi. Tu respires, simplement. Tu es là, entière, apaisée. Tu ne doutes plus de ta valeur à chaque regard. Tu ne te compares plus. Tu ne t'accroches plus par crainte d'être abandonnée.

Tu ne mendies plus l'amour : tu l'accueilles. Tu ne marches plus sur des œufs : tu marches droite, enracinée en toi.

Ce n'est pas que tu n'aimes plus intensément — au contraire. Tu aimes plus librement, plus consciemment. Tu donnes sans t'effacer. Tu reçois sans te méfier. Tu peux être seule sans te sentir abandonnée, et être aimée sans trembler.

Parce que tu as appris à te choisir, à te rassurer, à te parler avec douceur.
Parce que ton cœur, longtemps en alerte, a enfin trouvé un refuge : toi.

———————————————————

À toutes celles et ceux dont le cœur a tremblé plus fort que de raison.

À celles qui ont attendu un message comme on attend une preuve d'existence.

À ceux qui ont cru qu'ils devaient être parfaits pour être aimés.

Ce livre est pour toi,

pour te rappeler que tu mérites l'amour, sans te perdre à le mendier.

Et que ta valeur n'a jamais dépendu du regard de l'autre.

Avec tout mon amour,